M. THIERS

PRÉSIDENT DE LA RÉPUBLIQUE FRANÇAISE

EXTRAIT

DU JOURNAL

L'ARMÉE FRANÇAISE ILLUSTRÉE

« Je ne fus jamais plus heureux depuis que, rentré
dans le repos, je pus reprendre ma profession première,
celle de l'étude assidue et impartiale des choses humaines. »

(M. THIERS.)

PARIS

A. CHEVALIER, LIBRAIRE-ÉDITEUR

61, RUE DE RENNES, 61

1872

M. THIERS

PRÉSIDENT DE LA RÉPUBLIQUE FRANÇAISE

EXTRAIT

DU JOURNAL

L'ARMÉE FRANÇAISE ILLUSTRÉE

« Je ne fus jamais plus heureux depuis que, rentré
dans le repos, je pus reprendre ma profession première,
celle de l'étude assidue et impartiale des choses humaines. »

(M. THIERS.)

PARIS

A. CHEVALIER, LIBRAIRE-ÉDITEUR

61, RUE DE RENNES, 61

1872

AVERTISSEMENT

En composant l'étude qu'ils présentent aujourd'hui au public, les rédacteurs de l'*Armée Française illustrée* n'ont pas eu la prétention d'écrire la vie de M. Thiers. Une pareille tâche eût dépassé les limites que leur assignait le cadre de leur journal.

Ils se sont proposé d'offrir à leurs lecteurs une esquisse retraçant à grands traits les pages principales de l'histoire de l'homme d'État illustre dont l'existence se lie, se confond, disons mieux, s'identifie, depuis un demi-siècle, avec l'existence même de la France.

Ce n'est donc pas la biographie proprement dite de M. Thiers qu'il faut chercher dans cet opuscule ; on n'y trouvera qu'un récit succinct des événements qui ont marqué sa carrière publique d'un sceau ineffaçable.

M. THIERS

I

Au mois de septembre 1870, alors que la fortune des armes se déclarait contre nous avec une cruauté, avec un acharnement dont l'histoire d'aucun temps n'offre l'exemple ; alors que nos désastres se précipitaient avec une si foudroyante rapidité, que toute âme patriotique se prenait à douter du salut final et entrevoyait déjà un effondrement inévitable ; un homme chargé d'années, méprisant un repos que sa laborieuse carrière lui avait légitimement assuré, pour ne s'inspirer que des grands devoirs du citoyen, se résignait à visiter les cours de l'Europe, pour déployer près d'elles au service de la France les ressources de son génie politique, pour s'efforcer de lui gagner des amitiés nouvelles et de ramener à sa cause des défenseurs et des appuis.

Tâche aussi noble qu'ingrate ! Mission pleine de grandeur et de péril ! Car l'ambassadeur qui en prenait l'initiative se condamnait d'avance à boire à longs traits une coupe d'amertume.

Cependant telle était l'habileté de l'homme d'État qui, n'écoutant que la voix du patriotisme, avait pris la responsabilité d'une si délicate démarche, que tout ce qu'il était possible d'obtenir des cabinets de l'Europe, M. Thiers réussit à le leur arracher.

D'abord les puissances comprirent que, bien qu'humiliée, vaincue, écrasée, la France n'était pas morte ; que même, dans sa détresse, elle était capable encore d'un effort sublime et de nature à soulever le monde. De plus, l'Europe se rendit compte des dangers qu'elle courrait elle-même, si une forte digue n'était pas au plus vite opposée au torrent dévastateur qui avait envahi nos provinces. Enfin, ce qu'aucun cabinet n'aurait essayé isolément, ce qu'aucune chancellerie n'aurait osé entreprendre, les cours de l'Europe n'hésitèrent plus à le tenter, du jour où elles eurent entre elles un lien commun. Ce lien commun, un citoyen français l'apportait; grâce à son éloquence persuasive, le lien fut accepté: la ligue des neutres était formée ; désormais, la France n'était plus abandonnée aux seules ressources de son désespoir.

Ce résultat, — qui eût été plus grand encore, qui eût été immense, si l'ineptie des révolutionnaires n'en eût point entravé les effets, — ce fut M. Thiers qui l'obtint, et nous ne croyons pas qu'à cette époque et dans l'état où se trouvait la France, un autre que lui y eût réussi.

II

La France reconnaissante ne s'y est pas trompée, et vingt-six départements ont récompensé d'une élection simultanée le grand citoyen dont le dévouement s'était si généreusement employé à l'œuvre du salut commun.

M. Thiers est aujourd'hui, par une suite naturelle des choses et par la logique des événements, le chef du pouvoir exécutif; l'Assemblée nationale l'a proclamé président de la République française.

A ce titre, M. Thiers est le chef de l'armée ; il nous appartient, et si son nom manquait à notre galerie, ce ne serait point seulement une lacune qu'on aurait à nous reprocher, ce serait un manque de respect envers le chef de l'État et envers l'armée elle-même.

III

Nous ne ferons ici qu'un rapide historique de la vie de M. Thiers ; cette vie est si pleine de faits, si active, si marquée d'incidents divers ;

elle est surtout si pleine d'enseignements, qu'un long travail n'y suffirait pas. Or, ce n'est pas là ce que nos lecteurs attendent de nous.

La naissance de M. Adolphe Thiers remonte au 16 avril 1797.

Ses premiers pas dans la vie sont marqués par une ardeur au travail, par un désir de savoir, par une aptitude à s'assimiler la science, l'érudition, les idées, qui ne se sont jamais démentis. L'étudiant en droit de la Faculté d'Aix n'était pas plus désireux de s'instruire, lorsqu'en 1820 il prenait son diplôme de licencié, que ne l'est encore aujourd'hui le grand écrivain qui, depuis près de quarante ans, figure au nombre des plus illustres membres de l'Académie française et de l'Académie des sciences morales et politiques.

Après s'être fait recevoir avocat, M. Thiers sentit que sa destinée n'était point de se confiner dans un barreau de province, et que le vrai champ de bataille qui convenait à son courage et à ses aptitudes, c'étaient Paris et les luttes politiques. Ce ne fut pas pourtant à la politique qu'il consacra d'abord les premiers fruits de son esprit cultivé et de ses fécondes méditations. Chargé de faire au *Constitutionnel* les comptes rendus d'exposition de peinture et de sculpture, il y publia des *Salons* qui, même après ceux de Diderot, sont restés des modèles. Disons au surplus et pour n'y plus revenir que M. Thiers, artiste par tempérament et par goût, est un des amateurs les plus éclairés, un des connaisseurs les plus sûrs de notre temps.

Bientôt la polémique engagée sur les grandes questions qui passionnèrent la génération française, de 1820 à 1830, emporta M. Thiers dans le tourbillon des luttes quotidiennes. Il s'y fit remarquer par un esprit incisif, pénétrant, fécond en ressources, par une merveilleuse compréhension des questions de gouvernement et par une facilité d'exposition dont il a gardé le secret.

Les succès qui couronnèrent ses premières passes d'armes n'étaient pas de nature à éblouir un talent si sûr de lui-même et moins encore à le détourner de sa voie. Aussi vit-on M. Thiers consacrer, tout en restant homme du monde, ses veilles laborieuses à l'étude de ces grands problèmes dont les solutions intéressent l'avenir et la prospérité des sociétés et dont l'étude sera l'éternel honneur des grands esprits.

M. Thiers publia bientôt sur Law et son système de finances, un opuscule qui révèle chez le jeune écrivain une science financière qui fait l'étonnement et l'admiration du lecteur.

IV

Les fortes études du jeune avocat d'Aix aussi bien que son goût naturel et pour ainsi dire instinctif de l'histoire, devaient le porter vers les hommes et les choses de la révolution de 1789. Il était trop de son siècle, il avait trop la prescience de son avenir politique pour ne pas comprendre l'impérieuse nécessité de s'armer fortement pour les luttes de la presse et de la tribune ; pour cela, il fallait arracher aux grands initiateurs de la Constituante, de la Législative et de la Convention, le secret de leur génie ; il fallait aller puiser à leur rude école les leçons de l'expérience.

C'est à cette tendance d'esprit qu'obéit M. Thiers, quand il écrivit l'*Histoire de la Révolution française*, œuvre remarquable par l'esprit exact et sûr avec lequel l'écrivain raconte les événements, par la netteté des aperçus qu'il expose et par l'indépendance des jugements qu'il porte sur les acteurs de ce grand drame, dont le dénoûment devait être si monstrueux, si sanglant, mais qui ne contient pas moins, dans ses péripéties, les assises d'une société politique et civile admirablement organisée.

On s'est bien souvent demandé comment un historien aussi jeune que l'était alors M. Thiers avait trouvé assez de puissance en lui-même pour formuler, avec une raison si haute, avec une autorité si sûre, des arrêts que devait plus tard ratifier l'homme d'État mûri par l'expérience et par la pratique des affaires ; on s'est demandé surtout comment un écrivain qui savait si bien sonder les caractères, pénétrer les sentiments, mettre en relief les passions des hommes, qui n'ignorait pas que l'opinion courante est, au moins passagèrement, la reine du monde, avait eu pourtant le courage de heurter certaines idées reçues, de renverser des idoles consacrées jusque-là par les contemporains, pour mettre à leur place des figures historiques instinctivement répudiées par la foule. — L'explication de ce phénomène peut se tirer de l'esprit de critique, de l'indépendance de caractère de l'historien : M. Thiers lui-même s'est au surplus chargé de nous la donner :

« Je me suis tour à tour figuré, dit-il, que, né sous le chaume, animé
« d'une juste ambition, je voulais acquérir ce que l'orgueil des hautes
« classes m'avait toujours refusé; ou bien qu'élevé dans les palais, héri-
« tier d'antiques priviléges, il m'était douloureux de renoncer à une
« possession que je prenais pour une propriété légitime. Dès lors je
« n'ai pu m'irriter ; j'ai plaint les combattants et je me suis dédom-
« magé en adorant les âmes généreuses. »

Les travaux déjà nombreux de M. Thiers, sa rare perspicacité politique le firent rechercher par tout ce que Paris comptait d'esprits intel-
ligents et lui ouvrirent les salons des hommes qui, à cette époque, in-
fluaient puissamment sur l'opinion publique, lorsqu'ils ne la dirigeaient
pas; nous nommerons, entre autres, M. Laffitte, le général Foy, le
prince de Talleyrand.

C'est alors que M. Thiers fut appelé à jouer un rôle, et ce rôle n'était
point effacé, dans la grande croisade libérale qui se fit de 1821, époque
de son arrivée à Paris, jusqu'en 1830. Sans doute il y eut des phases
dans la polémique qu'il soutint, comme homme d'opposition, contre les
divers ministères qui se succédèrent; il sut honorer en la personne de
M. de Martignac, par exemple, un homme d'État aux passions généreuses, à l'esprit conciliant et doux, et dont les nobles aspirations
eussent sauvé la monarchie , si la monarchie eût consenti à se lais-
ser sauver par un libéralisme intelligent; mais il sut poursuivre de
sa verve frondeuse et de son impitoyable censure le ministre fatal,
M. de Polignac, qui, enserré, étranglé dans les mailles de la Charte, ne
trouva rien de mieux, pour défendre le trône, que de briser cette
Charte, de tomber avec elle et d'entraîner la monarchie dans sa propre
chute.

La population de Paris avait répondu aux ordonnances du 25 juillet par le cri de : Vive la Charte ! et bientôt une révolution renver-
sait la seconde restauration.

Ce fut alors que commença pour M. Thiers la carrière de l'homme
public. Cette carrière, aux fortunes si diverses, a été d'un bout à l'autre admirablement remplie.

V

Nous n'avons pas à faire ici l'historique de la Révolution de Juillet, ni moins encore à en exposer les causes. Une discussion sur les prérogatives que l'article 14 de la Charte accordait au Roi sortirait des limites de notre journal et du cadre dans lequel nous devons nous circonscrire.

Nous nous bornerons à dire qu'aux termes du pacte fondamental, les droits du pouvoir royal n'allaient pas jusqu'à gouverner par ordonnances ; et nous ajouterons qu'en prétendant supprimer d'un trait de plume certaines garanties libérales « octroyées » ou « consenties » (quel que soit d'ailleurs le nom qu'on donne à la Charte de 1814) le ministère présidé par M. de Polignac foulait aux pieds le contrat passé entre le roi et la nation et ramenait la France au principe de la monarchie absolue, c'est-à-dire au régime du bon plaisir. Or, il faudrait bien mal connaître l'esprit public qui dominait alors en France, pour soutenir qu'un pareil régime y fût possible.

M. Thiers était du nombre de ces hommes politiques qui, tout en reconnaissant les services que la restauration avait rendus au pays, ne voulaient pas permettre que les belles conquêtes et les fécondes innovations de la révolution de 1789 fussent compromises.

Il pensait, avec tous les esprits libéraux du temps, que le pouvoir devait se mouvoir dans le cercle que lui traçait la Charte, et que les prérogatives dont il était investi lui suffisaient pour gouverner la France d'une manière conforme à ses hautes destinées aussi bien qu'aux intérêts politiques et moraux du plus grand nombre.

Certes, la prospérité publique était grande alors ; le commerce, l'industrie florissaient ; les lettres, les arts et les sciences brillaient d'un vif éclat ; mais la richesse n'est pas tout, pour une nation généreuse et éclairée ; il lui faut des satisfactions morales qu'une politique libérale et confiante peut seule lui donner. M. Thiers, qui avait formulé avec tant de raison la célèbre maxime : *Le roi règne et ne gouverne pas,* comprenait mieux que personne qu'en cherchant à ressaisir, au profit de la prérogative royale, des libertés que le peuple avait payées d'une longue et sanglante révolution, les ministres de 1830 ne compromettaient pas seulement l'existence de la monarchie, mais encore qu'ils lançaient au pays un défi aussi redoutable qu'insensé.

Les députés libéraux et les journalistes se réunirent chez M. Laffitte pour organiser la résistance légale aux ordonnances du 25 juillet. M. Casimir Périer, M. le général Lafayette, M. Mauguin, M. Odilon Barrot se placèrent généreusement entre le pays et la royauté pour empêcher un conflit armé dont une révolution allait sortir. Malheureusement les pourparlers n'aboutirent pas ; la population parisienne avait pris les armes et la lutte s'était engagée avec une telle énergie qu'en trois jours c'en était fait du trône de Charles X.

Le 29 juillet, une réunion de députés tenue chez M. Laffitte et sous sa présidence, décida qu'en présence de la vacance du trône, il fallait aviser à fonder un gouvernement provisoire et que la lieutenance générale du royaume serait confiée au prince Louis-Philippe d'Orléans, en attendant que la nation fût consultée.

VI

Bientôt une charte nouvelle fut rédigée et la monarchie de 1830 était fondée.

Un homme d'une aussi haute valeur que M. Thiers ne pouvait être tenu à l'écart. Il fut appelé, en qualité de secrétaire général, au ministère des finances que dirigeait le baron Louis. Nous avons vu que ses études spéciales l'avaient dès longtemps rendu propre à un poste pour lequel d'ailleurs sa haute intelligence eût largement suffi (1).

Les révolutions trop périodiques de la France nous ont appris qu'après une violente secousse politique, la plupart des problèmes sociaux qu'on avait crus résolus ou tout au moins ajournés pour longtemps, s'imposent fatalement aux préoccupations des hommes nouveaux qui

(1) Voir dans l'*Histoire de la Révolution française* l'exposé critique des divers systèmes financiers qui se sont produits, depuis 1789 jusqu'au Consulat. Voir aussi l'ouvrage de M. Thiers sur Law et son système.

prennent en main la rude charge du gouvernement. Aussi les commencements du règne de Louis-Philippe furent-ils extrêmement difficiles. Il ne fallait pas seulement concentrer et renforcer les ressources militaires de la France pour parer aux éventualités d'un conflit avec l'étranger; il fallait de plus donner au pays des garanties d'ordre, de sécurité et de stabilité indispensables à la marche des affaires publiques et à la protection des intérêts généraux.

C'est alors que M. Thiers fournit une preuve de plus de sa haute valeur politique. On le savait capable de remplir les postes les plus difficiles ; mais il n'avait jamais eu l'occasion d'affirmer la fermeté de ses convictions et la vigueur de son tempérament d'homme d'État. En résistant à un courant d'idées et à des exigences dont ses amis politiques croyaient obtenir aisément le succès, grâce à son concours, il encourut plus d'une censure, plus d'un reproche amer, mais il donna au pays les plus infaillibles marques d'un caractère ferme et résolu. Il était entré comme ministre des travaux publics dans le cabinet dont le chef était Casimir Périer, ce grand citoyen, ce ministre au cœur de bronze, ce ministre dévoué qui devait « épuiser sa noble vie au service du pays (1) ».

VII

Sous le régime constitutionnel de 1830, les ministres étaient solidaires les uns des autres ; aucune mesure politique n'était prise qu'elle n'eût été délibérée en conseil. Aussi, quoique M. Thiers fût simplement ministre des travaux publics, il prit la part la plus active aux grands actes de politique étrangère et de politique intérieure qui signalèrent le passage, si court, hélas ! mais si fécond et si bien rempli, de Casimir Périer, au gouvernement du pays ; il les défendit à la tribune avec un succès égal au talent d'orateur qu'il y déploya. Le discours qu'il prononça, notamment, sur la question de réunion de la Belgique à la

______

(1) Expressions de M. Thiers, dans un passage de son discours de réception à l'Académie française.

France est un chef-d'œuvre d'exposition historique et un modèle de discussion politique.

M. Thiers aime la France avec passion, il lui est dévoué jusqu'à la mort, il n'hésiterait pas à lui faire les derniers sacrifices (et il l'a prouvé) ; mais M. Thiers n'est pas homme à mettre la chimère à la place de la réalité, à substituer la folie héroïque à la raison patriotique ; aussi le vit-on déclarer hautement qu'il fallait détester les traités de 1815, mais en même temps les respecter, risquant ainsi de recueillir l'impopularité, pour rester fidèle à la cause sacrée du pays même, alors que le pays eût volontiers affronté les terribles hasards d'une guerre européenne.

Et quant à ceux qui pourraient l'accuser de pusillanimité, qu'ils se reportent à l'acte viril de l'occupation d'Ancône, et qu'ils nous disent si un ministre qui prend sa part d'une telle responsabilité peut être accusé de faiblesse.

La vérité est que, toujours et partout, le mobile de M. Thiers a été le dévouement à la patrie. Tant qu'il a cru que l'honneur national n'était pas en jeu, il a écouté les conseils d'une prudence qui s'inspire de l'intérêt général ; mais, dès lors qu'il s'est agi de la dignité de la France, il n'a plus écouté que la voix impérieuse du patriotisme.

Telle est la raison des contradictions apparentes que plus d'un biographe lui a reprochées et que des adversaires plus passionnés que véridiques ont la prétention de relever contre lui comme autant de marques d'inconsistance ou de versatilité.

VIII

Chose étrange ! et qui montre combien en France plus qu'ailleurs les hommes d'État sont en butte aux injustices des partis, et combien y est vacillante et mobile cette opinion publique qui dispense la popularité, M. Thiers a été l'homme du monde le plus loué et le plus attaqué, le plus populaire et le plus détesté, le plus applaudi et le plus conspué ! On est allé jusqu'à l'accuser de nourrir une ambition tellement dévorante qu'il y aurait sacrifié sa considération, sa gloire

présente et jusqu'à sa mémoire ! Or, en étudiant sa vie, on voit que cha-
que fois que le souci de sa dignité le lui commande ou que la sincérité de
ses convictions est en question, il se hâte de répudier un pouvoir qui lui
semblerait acheté trop chèrement, au prix de l'estime de soi ou du sacrifice d'une idée juste.

On l'a accusé d'avoir abandonné ses amis et trahi les intérêts de
la liberté, lorsque, de fait, c'est l'homme le plus fidèle à l'amitié et
le plus ardent partisan de la liberté.

Seulement, ce que se gardent bien de dire ses détracteurs, c'est que,
s'il lui est arrivé de consentir à l'abandon d'idées généreuses, caressées
par sa jeunesse, il ne le fit jamais que comme un sacrifice passager,
absolument exigé par les difficultés des temps et par les malheurs publics. Pour lui, la liberté, par exemple, est un bien qui, comme le disait
M. de Serre, n'est pas seulement nécessaire au perfectionnement moral
et religieux d'un peuple, mais encore nécessaire à leur perfectionnement politique.

Mais l'histoire nous apprend que c'est parfois honorer la liberté,
que de voiler sa statue et de lui épargner la vue des excès commis en
son nom.

C'est ainsi que M. Thiers, en 1832, n'hésita pas à accepter les mesures
proposées par Casimir Périer pour raméner l'ordre dans la rue, le
calme dans les esprits, la confiance dans le cœur même de la nation.
Le courage personnel dont il fit preuve à cette occasion lui concilia
l'admiration et le respect des honnêtes gens.

IX

L'activité dévorante que Casimir Périer déployait au pouvoir et les
grandes questions qui surgirent en 1831 et 1832 (révolution de Po-
logne, révolution de Belgique, événements d'Italie, guerre civile) devaient
exercer sur l'organisation fébrile et sur l'âme impressionnable de ce
grand ministre, une influence funeste ; bientôt sa santé, profondément
ébranlée par les efforts qu'il avait exigés de la nature, pour répondre
aux espérances que le pays avait mises en lui, s'altéra tout à fait. Il

L'ARMÉE FRANÇAISE

ILLUSTRÉE

JOURNAL DES ARMÉES DE TERRE ET DE MER

PARAISSÁNT TOUS LES CINQ JOURS

On s'abonne : 61, rue de Rennes, à Paris

PRIX DE L'ABONNEMENT

Un an...............	15 fr.	Trois mois.............	5 fr.
Six mois.............	8 »	Un mois..............	2 »

UN NUMÉRO

Paris et Versailles, **25** centimes. — *Province,* **30** centimes

Envoi d'un numéro contre 30 centimes en timbres-poste

Typ. Rouge frères et Cie, rue du Four-Saint-Germain, 43.